HILOS DE ORO

BEAUTIFUL TRAITOR BOOKS

HILOS DE ORO

Palabras para cada día y cada corazón

KINGSLEY L. DENNIS

Texto © Kingsley L. Dennis 2019

Traducción © Fernando Álvarez-Ude y Carmen Liaño

Esta publicación no puede ser reproducida, ni en todo ni en parte, ni registrada en o transmitida por, un sistema de recuperación de información, en ninguna forma ni por ningún medio, sea mecánico, fotoquímico, electrónico, magnético, electroóptico, por fotocopia, o cualquier otro, sin el permiso previo por escrito de Beautiful Traitor Books.

Publicado por Beautiful Traitor Books.
http://www.beautifultraitorbooks.com/

ISBN-13: 978-1-9993440-3-0

Primera publicación: 2019

Portada y diseño de libro: Ibolya Kapta

Imagen original de hilo dorado de Naomi Hasegawa
(utilizada con permiso).
Para más información: www.naomihasegawa.com

1

Si sale el sol externo

pero el interno no lo hace,

nada se ha logrado.

Sólo quienes dan el primer paso

pueden aprender a andar.

Los primeros encuentros
por mucho que lo deseemos
nunca regresan.

Son preciosos,

como una caricia enjoyada.

No todos los que llegan se quedarán.

No todos los que permanecen

han llegado.

5

Nada en este mundo

carece de sentido

poético o lógico.

6

Recogemos y acopiamos cosas,
pero no para nosotros mismos.

No somos guardadores,
recolectamos para repartir.

¿Entiendes lo que significa eso?

Lo que hacemos
no es para nosotros;

pero al hacerlo también
nos beneficiamos.

Un corazón generoso

siempre procura

restablecer

la armonía.

9

Busca los momentos gozosos y reservados
en los cuales la vida
es como una niña mayor
que toma tu mano y
te encauza en el juego.

En tales ocasiones
la vida oculta los velos
de la aflicción,
de las cicatrices
y
del sufrimiento.

10

La libertad de dentro
es la libertad que
podemos compartir con otros.

Si no nos educamos a nosotros mismos
no se nos puede educar para el mundo.

Todos llegamos aquí pequeños,
dependientes e incompletos.

Debemos ganarnos nuestra independencia
y trabajar para realizarnos.

El aprendizaje no termina nunca:
es como un río
que discurre sin cesar.

Nos llevará a través de nuestra vida entera,
acompañándonos a lo largo de todos nuestros años:

como el fruto que cuelga del árbol,
o las flores que
se inclinan con la brisa.

Y como todo lo vivo,
contiene en su interior el anhelo de entender más,
de crecer en atención plena, gratitud y reconocimiento.

Es un mundo que se abre por dentro
y nos inspira a avanzar con gran energía,
confianza y una inconmensurable sensación de
asombro.

Todo es fascinante.

13

Cuando prestamos atención a nuestros cuerpos

también escuchamos a

nuestra mente extendida.

La mente no sólo está en la cabeza

sino por todo el cuerpo.

Él nos escucha.

14

La autodisciplina suprema

es lo mismo que

la entrega sincera.

15

A menos que puedas hacer una cosa

no serás capaz

de entender

el *porque* de ella.

16

La ausencia de ruido

es un silencio negativo.

un silencio positivo

es diferente.

17

En todo aquello que hacemos debemos
dar nuestro consentimiento.

No podemos ir en contra de nuestro ser;
la disciplina y la obediencia lo fortalecen,
no son pruebas u órdenes:

son los fundamentos tempranos

a partir de los cuales aprendemos
algo mucho más fuerte,

más resistente, algo que permanece
con nosotros para siempre.

Pero primero debemos darnos permiso

a nosotros mismos.

18

Si no empezamos por conseguir pequeñas cosas
¿cómo podremos movernos para lograr
objetivos mayores?

Primero trabajamos con lo pequeño.

19

Lo sagrado no está sólo en la voz tranquila
y suave que canta en vuestro interior.

También está en todas las voces
y todos los silencios
y todos los espacios intermedios.

Buscadlo,
y buscadlo bien.

20

El esfuerzo que hacéis individualmente
no permanecerá sólo a un nivel personal:
se esparcirá, se extenderá,

se propagará y ayudará a todos aquellos
que estén a vuestro alrededor.

No subestiméis nunca el potencial interior
de cada persona,
dentro de cada uno de vosotros.

La autodisciplina os es indispensable a nivel individual,
os permite liberaros de la obediencia
que otros tratan de imponeros en la vida.

Entonces podemos compartir
esa libertad con quienes nos rodean,
que también la necesitan.

21

Cada cosa tiene su propia naturaleza;

al igual que la flor,

cada una se puede revelar por lo que realmente es.

Las flores

son la expresión espontánea

de lo sagrado.

Las flores nos muestran su encanto,

su plegaria sin palabras:

hay un lenguaje especial

en el silencio.

22

Dentro de nosotros,
en nuestros cuerpos y nuestras memorias,
llevamos el inconsciente profundo,

al igual que la tierra
lleva sus minerales
y sus piedras.

23

Cada uno de nosotros debería luchar

contra permanecer fijo,

atrapado en nuestra porción de vida gelatinosa

como un insecto conservado

en una piedra preciosa.

24

Todo lleva tiempo,
es el modo natural de las cosas.

Tiempo para generarse,
tiempo para aparecer.

25

La práctica de ir hacia el interior

es un aspecto de lo femenino.

Lo nutre como hace el suelo

con sus seres vivientes.

Ir hacia fuera es una señal del mundo;

ir hacia dentro un signo del alma.

26

Puede que por fuera las cosas no parezcan
justas o equitativas
pero todo encuentra su equilibrio.

Cosas que pueden parecer contradictorias
a menudo están trabajando juntas:
al igual que el sol y la lluvia,
y la luz y la oscuridad.

Es dentro de la oscuridad

donde pueden encontrarse

los caminos ocultos de creación.

27

La vida se da con un propósito:

nuestra tarea es descubrirlo
y llevar a cabo la labor acordada.

28

Dentro de nosotros habita un inconsciente profundo,

aletargado y sin embargo vigilante,

esperando nuestros momentos de atención

para poder despertar un poco más.

29

Ya entrañas la esencia;

no puedes desarrollarte sobre ella,

pero sí permitir que se despliegue

y se difunda

de la manera más correcta y armoniosa.

Lo que ocurre en vuestro interior se diseminará.

La transformación es contagiosa:

es un virus positivo.

Estamos aquí para jugar el juego.

Es importante saber que en este juego
estamos apoyados por una gran
cantidad de energía.

La mayoría de la gente no sospecha que existe
este juego; esa es la parte triste:
si no hay juego no hay partida.

No obstante, para quienes saben,
la cuestión se convierte en *cómo* jugar.

No es un juego «normal»:
es muchísimo más valioso y estimulante.

De modo que tenemos que aprenderlo
y actuar deliberadamente.

Es el juego al que llamamos Vida.

32

No se debería luchar o batallar contra el silencio.

Estamos aquí para cultivar el arte
de escuchar el silencio

Conseguir un silencio atento

es a la vez una habilidad delicada

y también muy práctica e importante.

33

Cada persona tiene un espacio
donde todas las cosas exteriores del mundo
no se mueven.

Es un espacio dentro del yo que está
profundamente tranquilo y
al mismo tiempo activo.

Un espacio que no conoce la contradicción
y donde la llama del conocimiento
arde tan resplandeciente como el agua que corre.

Cada persona debe buscar
y encontrar ese espacio
por sí misma.

34

No busques la perfección;

nosotros trabajamos con las flaquezas.

Nadie empieza por la conclusión:

es un destino y no un punto de partida.

35

Tenemos que devolver cosas
de lo invisible a lo visible,
de la inactividad a la actividad.

Activando las cosas
las haces cobrar vida en el mundo.

Lo más suave puede superar a lo más duro

y lo más sutil transformar lo más tosco.

La luz dentro de uno despierta

la luz dentro de otro:

esa es la transmisión.

36

Cada uno debe trabajar con sus promesas:

cuando prometemos algo
debemos cumplirlo.

Trata tus palabras como si fuesen tus hijos.

37

Debemos escuchar el sentimiento de aprobación
que existe dentro de cada uno de nosotros.

Es una sensación sutil dentro del pecho,
cerca del plexo solar;

la cual también nos muestra cuando
algo está en contra del ser esencial.

Podemos sentir su aprobación;
y de igual modo, podemos sentir su voz silenciosa
cuando se alza en contra de nuestras acciones y
pensamientos.

Es un faro que no emite luz
y aun así nos guía.

38

Las sombras de duda no son necesariamente malas.

Pueden ayudarnos a precisar la luz de la verdad.
Nos muestran los obstáculos que se interponen
en nuestro camino.

Proporcionan contrastes, y a partir de ellos
podemos definir con más claridad dónde está
o no la luz;

y aquellos lugares que carecen de lo *esencial*.

39

No te preocupes de los errores de los demás;

obsérvalos, y luego permite que esa reflexión
recaiga sobre ti mismo.

El reconocimiento de nuestro propio ser
procede del reconocimiento de los demás.

Confía en ti mismo
y en lo que representas.

40

Todos somos locos,

pero algunos somos

locos conscientes.

41

Nunca dudes de que esta energía, esta red de vida,
surge a través de ti:
recuerda que siempre estás
profundamente conectado.

Hacer que la energía sea colectiva es crucial.

Si nos quedamos con la que tenemos,
cada uno con la suya,
si la energía permanece individual,

en ese caso no funcionará para ti.

Debemos ponernos al servicio:
ofrecerse es la única manera de mantener
la energía en marcha.

Debemos entregar una parte de nosotros mismos:

empezaréis a sentiros conectados a algo

que guiará vuestras acciones para siempre.

Cuanto más profundamente os conectéis,

más intencionalidad os llegará.

42

No hay nada más noble
que el reconocimiento interior
de dos almas.

43

Donde no hay armonía
no hay posibilidad
de comprometerse
con lo esencial.

Es tan sencillo
y tan importante
como eso.

La armonía es lo que reúne las cosas
en un alineamiento correcto:

yace dentro de cada uno
y también opera entre nosotros.

Sin armonía
no podemos hacer
prácticamente nada.

Confiad en ello,
confiad en vosotros mismos.

44

La vida es algo más que
una simple galería de espejos:

es un caballo centelleante
de fragmentos astillados

cada uno de los cuales muestra
una imagen del todo.

45

Cada uno trabaja en pos de algo
que es más grande
que cualquiera de nosotros.

En esta vida necesitamos regalos.

Sin ellos somos incapaces de seguir adelante.

Estar aquí juntos
es uno de esos obsequios.

46

La expresión genuina

de una verdad

no adopta una forma fija.

47

Todo lo que haces
es reconocer dónde estás;

cada vez que te observas a ti mismo
ayudas a tu propia preparación.

Estamos aquí para impulsar

a otros a cambiar.

48

Detrás de las aparentes contradicciones
suele residir la verdad más grande
de la conciliación.

Esta armonía,
este trabajo al unísono,
crea otra fuerza:
la de la transformación.

La transformación no es un camino pasivo.

49

Si huis de este mundo
y de vuestras responsabilidades en él,

abrís la puerta para
que las fuerzas adversas entren en tromba.

¡No lo permitáis!

De igual modo,
no os opongáis con debilidad
a las fuerzas negativas.

Es como soplar
sobre una flor:

sólo sirve para extender
aún más sus semillas.

50

Estás *aquí*.

Siempre se trata de dónde
está *cada uno*.

Todo tiene que llegar a través de ti,
debe funcionar a través de ti.

Cada uno de los que estamos aquí ingresa
en el mundo como un libro que
no es necesario leer en voz alta.

La sabiduría no está en las páginas de un libro

sino en tu presencia,

y la gente te leerá

de muchas y variadas maneras.

51

Cuanto más profunda es la oscuridad en el mundo
más luz se necesita.

Parte de esa luz la da el sol
y se refleja aquí sobre la tierra.

Hay otra luz que procede de nuestro recóndito interior
y resplandece desde una estrella diferente:

traerla al mundo,

a nuestra vida cotidiana,

es una responsabilidad.

Como una semilla,
el despliegue comienza profundamente
en nuestro interior.

52

Podemos dejarnos sumergir
en el Gran Misterio.

Y una vez inmersos,
tenemos que estar dispuestos
a que se nos desmantele,
una y otra vez,
hasta que finalmente vayamos
más allá de quienes
pensamos que somos.

Entonces dispondremos de la habilidad
de estar tanto presentes
como ausentes.

Estar presentes en este mundo
y, aun así,
desplazarnos también a
otro lugar.

53

Si no eres verdaderamente sincero
contigo mismo
entonces no puedes recorrerlo.

Habrá obstáculos que seguirán apareciendo
y sólo la sinceridad despejará el camino.

El amor fluye a través
del vaso de la
sinceridad.

54

Si trabajas sólo para ti mismo,

te limitas.

Deber permitir que aquello

que carece de nombre

y no obstante conoce todos

los nombres te utilice.

Algo más grande contiene

lo más pequeño:

lo mayor no es sino

la cara exterior de

la esencia.

55

Constancia y persistencia.

La ignorancia no se cura

adoptando los métodos más fáciles.

56

El acto de dar
beneficia de conformidad
con la consciencia
del donante.

57

La esencia es una transmisión
sagrada viviente
sin construcción religiosa
estructura formal o institución terrenal:

se transmite a través de los corazones
y las mentes de la gente.

Y cuando la gente está reunida,
o en correspondencia y comunión,
se conecta con la esencia que
confiere alma al mundo.

58

Aunque podamos actuar con independencia,

no nos apeguemos a nuestro

esfuerzo individual.

El esfuerzo individual sólo es uno de

los muchos modos de actuar.

Hay fuerzas que actúan sobre nosotros

y otras que lo hacen a través nuestro,

y esas fuerzas tienen más poder

si les concedemos nuestra colaboración.

Haz que tu objetivo sea transmitir

sin distorsión.

59

El sol no llueve
y la luna no proporciona
luz propia.

Todo da *según* lo que puede,
y por tanto debemos acercarnos
a cada uno y a todos
de acuerdo con su capacidad
y su naturaleza esencial.

60

El hilo de oro invisible
es lo que se ha plantado
en nuestros corazones.

Cada uno de nosotros
puede traer nuestra parte
del hilo en la trama
entera del tapiz.

Desde ese momento,
contribuimos y participamos
en el diseño completo.

Estamos conectados
de maneras no visibles
para otros.

Esto lo llevamos con nosotros
cuando salimos
al mundo.

Nuestra conexión a este hilo de oro
nos recuerda constantemente que la bondad
se encuentra en lo profundo de todas las cosas
y se puede hallar,

si se busca.

61

Vivimos toda la vida
con preguntas y, pese a ello,
con frecuencia erramos al no reconocerlas
o hacerlas despertar de su letargo en nuestro
interior.

La gente es muchas más cosas
de lo que ella misma sabe.
Puede estar ciega y no saberlo
porque está deslumbrada por una luz
que la hace mirar a otro lado.

Un don no es sino
una herramienta cuyo uso debe
escoger cada persona.

62

El tipo de energía con la que escoges
identificarte determinará
cómo se desenvuelve tu futuro.

Tales senderos no están grabados en piedra.

Todos los caminos están abiertos y se adaptan
a las circunstancias, las decisiones
y las oportunidades, tanto las
que se aprovechan como

las que se pierden.

63

Lo sagrado no sólo está
en la quietud dentro de ti,
también está en todos los
espacios intermedios.

Buscad vuestra propia comunión
sin palabras
con el centro
dentro de vosotros.

La verdadera comunión

será vuestra libertad.

64

El poder del silencio es un don.

Podemos revestirnos de ese hermoso don
y andar por el mundo como
verdaderos guerreros del corazón.

Pero antes debéis aprender a
entablar amistad con vuestro silencio,
hacerlo compañero vuestro.

Un compañero que también es
vuestro centro personal.
Es el lugar, situado profundamente en
vuestro interior,
donde siempre sois sinceros.

El sitio que mejor os conoce,
del que no podéis esconderos y
al que no podéis mentir.

65

Haciendo el esfuerzo correcto
se puede obtener un beneficio,
pero con la fuerza indebida se pierde.

No os contengáis
ni os asustéis
de hacer el
esfuerzo correcto.

Quienes tienen miedo,
lo tienen en todas partes;
aquellos que tienen fe y confían
en su interior estarán a salvo

vayan donde vayan.

66

No huyáis de esa fuente de comunicación
que está dentro de *vosotros*.

Evitad aquellas cosas que sólo
sirven para desestabilizaros o
entorpecer vuestro trabajo.

No intentéis apaciguar esas fuerzas
que trabajan en vuestra contra,
desplazaos alrededor de ellas.

No seas tímido dentro de ti.

67

El mundo nos enlaza a él:
cada uno de nosotros pertenece al mundo,
pero cada quien a su manera diferente.

Debemos aprender lo que nos une,
y lo que son esas uniones,

ya sean cadenas,
obligaciones o
voluntad de servicio.

Lo que nos une también
puede ser lo que nos nutre.

68

Muchas personas buscan olvidar.

Mientras que *nosotros* estamos aquí
para no permitirnos olvidar.

Estad atentos
a la vida.

Es nuestro deber.

Es responsabilidad nuestra
actuar sobre la ignorancia
de los otros.

69

Deleite es el gozo,
es el secreto que se halla
escondido tras todo
lo que veis en
este mundo.

70

Cuando sabes que la gente

tiene hambre

no le hablas

de recetas.

71

Ya contenéis la esencia,
no podéis desarrollaros en eso,

pero podéis permitir que se despliegue
y se extienda de la manera
más correcta y
armoniosa.

La humanidad,
en su estado natural,
busca estar en armonía
con su mundo.

73

Jugar el juego.
Jugad por lo que es más grande que vosotros.

Jugad por esa parte de vosotros mismos que sabe
que hay una razón para esto.

Jugad por todos esos *juntos*
que se unen en uno.

Jugad por las estrellas,
los cielos, y todo lo
que siempre existió.

Si no jugáis por lo eterno,
en tal caso solo estáis jugando
vuestro propio jueguecito.

Y entonces es vuestro propio pequeño mundo.

Y todos vuestros significados se detendrán
una vez finalice el juego.

Jugad el juego con reverencia,

con amor.

74

Dando, no os vaciaréis.

Os llenaréis,
os recuperaréis de manera
que tengáis más que dar.

No seáis ese tipo de persona
que inconscientemente les quita a otras:

vuestro papel es proveer a otros,

a quienes no saben o no sospechan.

75

Sé como un fugitivo en este mundo:

un forastero interior

que sostiene la copa llena
de la gratitud y el aprecio
más dulces y profundos.

76

Trabajar con las
cuatro manos de:

paciencia,
compasión,
comprensión,

y hacer
las pequeñas cosas.

La luz
brilla
dentro de cada átomo

gracias
a lo que hacéis.

78

Operamos dentro del cuerpo del mundo

y sólo se nos conoce por
nuestro aspecto exterior.

Pero *nosotros*
nos reconocemos.

Donde no hay armonía
ni gracia,

no hay verdadera
correspondencia.

80

Cada uno puede reflejar
de vuelta la trascendencia
que subyace en el
corazón del cosmos.

Cada vez que llegas a una meseta
se requiere un esfuerzo mayor
para abrirse paso.

De lo contrario, uno permanece abandonado
en su propia isla, pensando contento
que ha alcanzado el final

cuando aún está a la deriva.

82

Cada uno de nosotros
tiene un hilo de oro
en su interior

que es la perennidad

de la cual nace
incesantemente
el cosmos.

83

Envejecer son solo

las escamas que caen

de una piel exterior.

Siempre fuimos

y siempre seremos.

84

Cada ser humano
es como la semilla
de una flor

esperando

polinizar el mundo.

85

Si entra algo nuevo
algo viejo debe irse.

Siempre tiene que haber
una armonía, un equilibrio.

Así como hay respiración:
inhalación y
exhalación.

86

El sacrificio

es todo y es nada:

es el corazón resplandeciente

y la matriz receptiva.

Es como ama el cosmos,

y sacrificarse es

el amor más grande.

87

Algunas cosas simplemente *son*.

Lo que queda es esperar
hasta que lo que ya se conoce
se haga consciente.

Todo tiene su necesidad,
y tales necesidades
tienen su momento.

88

El corazón humano
refleja los diseños
intencionados
del cosmos.

89

Sé incansable, sé amoroso:
sé lo verdaderamente femenino
en esta tierra.

No hay nada más grande,
más hermoso,
o más enriquecedor.

90

Porque tú eres

el sol,
la luna,
la lluvia,
y el latido
del corazón.

Eres todo y no eres nada.

Eres de la tierra y del espíritu.

Abrázalo todo
y déjate
abrazar por todo.

No dejes nada intacto.

LIBROS DIGNOS...

PARA MENTES INQUISITIVAS...

Beautiful Traitor Books se fundó en el año 2012 como una editorial independiente de impresión a demanda para proporcionar al lector exigente libros poco comunes e inspiradores.

Nuestros libros son obras que profundizan en varios ámbitos, ya sea libros para niños, ciencia ficción, asuntos sociales, filosofía, textos teatrales, o poesía. Disponemos de libros traducidos al español, francés, portugués, italiano y húngaro. Todos los libros que publicamos buscan explorar ideas creativas e innovadoras. Muchos de ellos también cuentan una buena historia; son historias que presentan diferentes perspectivas sobre la vida y la condición humana.

Beautiful Traitor Books no solo trata de ofrecer al lector entretenimiento. También intentamos brindar algo que es como un alimento; algo de valor que los lectores pueden extraer del libro. Los libros buenos funcionan en más de un nivel. Dicho simplemente, preferimos libros que tengan la capacidad de *cambiar* al lector.

Ven y únete a la conversación. Encuentra más en: www.beautifultraitorbooks.com

www.ingramcontent.com/pod-product-compliance
Lightning Source LLC
Chambersburg PA
CBHW061120070526
44583CB00028B/3345